心一堂術數古籍珍本叢刊

書名：挨星撮要（蔣徒呂相烈傳）【原（彩）色本】
系列：心一堂術數古籍珍本叢刊　堪輿類　第二輯　218
作者：【清】呂相烈　撰
主編、責任編輯：陳劍聰
心一堂術數古籍珍本叢刊編校小組：陳劍聰　素聞　鄒偉才　虛白盧主

出版：心一堂有限公司
通訊地址：香港九龍旺角彌敦道六一〇號荷李活商業中心十八樓〇五—〇六室
深港讀者服務中心：中國深圳市羅湖區立新路六號羅湖商業大厦負一層〇〇八室
電話號碼：(852)67150840
網址：publish.sunyata.cc
電郵：sunyatabook@gmail.com
網店：http://book.sunyata.cc
淘寶店地址：https://shop210782774.taobao.com
微店地址：https://weidian.com/s/1212826297
臉書：https://www.facebook.com/sunyatabook
讀者論壇：http://bbs.sunyata.cc/

版次：二零一九年一月初版
平裝

定價：港幣　三百五十八元正
　　　新台幣　一千三百八十元正

國際書號：ISBN 978-988-8582-05-1

香港發行：香港聯合書刊物流有限公司
地址：香港新界大埔汀麗路36號中華商務印刷大厦3樓
電話號碼：(852)2150-2100
傳真號碼：(852)2407-3062
電郵：info@suplogistics.com.hk

台灣發行：秀威資訊科技股份有限公司
地址：台灣台北市內湖區瑞光路七十六巷六十五號一樓
電話號碼：+886-2-2796-3638
傳真號碼：+886-2-2796-1377
網絡書店：www.bodbooks.com.tw
台灣國家書店讀者服務中心：
地址：台灣台北市中山區松江路二〇九號一樓
電話號碼：+886-2-2518-0207
傳真號碼：+886-2-2518-0778
網絡書店：http://www.govbooks.com.tw

中國大陸發行　零售：深圳心一堂文化傳播有限公司
深圳地址：深圳市羅湖區立新路六號羅湖商業大厦負一層〇〇八室
電話號碼：(86)0755-82224934

心一堂微店二維碼

心一堂淘寶店二維碼

心一堂術數古籍 珍本 整理 叢刊 總序

術數定義

術數，大概可謂以「推算（推演）、預測人（個人、群體、國家等）、事、物、自然現象、時間、空間方位等規律及氣數，並或通過種種『方術』，從而達致趨吉避凶或某種特定目的」之知識體系和方法。

術數類別

我國術數的內容類別，歷代不盡相同，例如《漢書・藝文志》中載，漢代術數有六類：天文、曆譜、五行、蓍龜、雜占、形法。至清代《四庫全書》，術數類則有：數學、占候、相宅相墓、占卜、命書、相書、陰陽五行、雜技術等，其他如《後漢書・方術部》、《藝文類聚・方術部》、《太平御覽・方術部》等，對於術數的分類，皆有差異。古代多把天文、曆譜、及部分數學均歸入術數類，而民間流行亦視傳統醫學作為術數的一環；此外，有些術數與宗教中的方術亦往往難以分開。現代民間則常將各種術數歸納為五大類別：命、卜、相、醫、山，通稱「五術」。

本叢刊在《四庫全書》的分類基礎上，將術數分為九大類別：占筮、星命、相術、堪輿、選擇、三式、讖諱、理數（陰陽五行）、雜術（其他）。而未收天文、曆譜、算術、宗教方術、醫學。

術數思想與發展——從術到學，乃至合道

我國術數是由上古的占星、卜筮、形法等術發展下來的。其中卜筮之術，是歷經夏商周三代而通過「龜卜、蓍筮」得出卜（筮）辭的一種預測（吉凶成敗）術，之後歸納並結集成書，此即現傳之《易

經》。經過春秋戰國至秦漢之際，受到當時諸子百家的影響、儒家的推崇，遂有《易傳》等的出現，原本是卜筮術書的《易經》，被提升及解讀成有包涵「天地之道（理）」之學。因此，《易・繫辭傳》曰：「易與天地準，故能彌綸天地之道。」

漢代以後，易學中的陰陽學說，與五行、九宮、干支、氣運、災變、律曆、卦氣、讖緯、天人感應說等相結合，形成易學中象數系統。而其他原與《易經》本來沒有關係的術數，如占星、形法、選擇，亦漸漸以易理（象數學說）為依歸。《四庫全書・易類小序》云：「術數之興，多在秦漢以後。要其旨，不出乎陰陽五行，生尅制化。實皆《易》之支派，傳以雜說耳。」至此，術數可謂已由「術」發展成「學」。

及至宋代，術數理論與理學中的河圖洛書、太極圖、邵雍先天之學及皇極經世等學說給合，通過術數以演繹理學中「天地中有一太極，萬物中各有一太極」（《朱子語類》）的思想。術數理論不單已發展至十分成熟，而且也從其學理中衍生一些新的方法或理論，如《梅花易數》、《河洛理數》等。

在傳統上，術數功能往往不止於僅僅作為趨吉避凶的方術，及「能彌綸天地之道」的學問，亦有其「修心養性」的功能，「與道合一」（修道）的內涵。《素問・上古天真論》：「上古之人，其知道者，法於陰陽，和於術數。」數之意義，不單是外在的算數、歷數、氣數，而是與理學中同等的「道」、「理」--心性的功能，北宋理氣家邵雍對此多有發揮：「聖人之心，是亦數也」、「萬化萬事生乎心」、「心為太極」。《觀物外篇》：「先天之學，心法也。……蓋天地萬物之理，盡在其中矣，心一而不分，則能應萬物。」反過來說，宋代的術數理論，受到當時理學、佛道及宋易影響，認為心性本質上是等同天地之太極。天地萬物氣數規律，能通過內觀自心而有所感知，即是內心也已具備有術數的推演及預測、感知能力；相傳是邵雍所創之《梅花易數》，便是在這樣的背景下誕生。

《易・文言傳》已有「積善之家，必有餘慶；積不善之家，必有餘殃」之說，至漢代流行的災變說及讖緯說，我國數千年來都認為天災，異常天象（自然現象），皆與一國或一地的施政者失德有關；下至家族、個人之盛衰，也都與一族一人之德行修養有關。因此，我國術數中除了吉凶盛衰理數之外，人心的德行修養，也是趨吉避凶的一個關鍵因素。

術數與宗教、修道

在這種思想之下，我國術數不單只是附屬於巫術或宗教行為的方術，又往往是一種宗教的修煉手段--通過術數，以知陰陽，乃至合陰陽（道）。「其知道者，法於陰陽，和於術數。」例如，「奇門遁甲」術中，即分為「術奇門」與「法奇門」兩大類。「法奇門」中有大量道教中符籙、手印、存想、內煉的內容，是道教內丹外法的一種重要外法修煉體系。甚至在雷法一系的修煉上，亦大量應用了術數內容。此外，相術、堪輿術中也有修煉望氣（氣的形狀、顏色）的方法；堪輿家除了選擇陰陽宅之吉凶外，也有道教中選擇適合修道環境（法、財、侶、地中的地）的方法，以至通過堪輿術觀察天地山川陰陽之氣，亦成為領悟陰陽金丹大道的一途。

易學體系以外的術數與的少數民族的術數

我國術數中，也有不用或不全用易理作為其理論依據的，如揚雄的《太玄》、司馬光的《潛虛》。也有一些占卜法、雜術不屬於《易經》系統，不過對後世影響較少而已。

外來宗教及少數民族中也有不少雖受漢文化影響（如陰陽、五行、二十八宿等學說。）但仍自成系統的術數，如古代的西夏、突厥、吐魯番等占卜及星占術，藏族中有多種藏傳佛教占卜術、苯教占卜術、擇吉術、推命術、相術等；北方少數民族有薩滿教占卜術；不少少數民族如水族、白族、布朗族、佤族、彝族、苗族等，皆有占雞（卦）草卜、雞蛋卜等術，納西族的占星術、占卜術，彝族畢摩的推命術、占卜術……等等，都是屬於《易經》體系以外的術數。相對上，外國傳入的術數以及其理論，對我國術數影響更大。

曆法、推步術與外來術數的影響

我國的術數與曆法的關係非常緊密。早期的術數中，很多是利用星宿或星宿組合的位置（如某星在某州或某宮某度）付予某種吉凶意義，并據之以推演，例如歲星（木星）、月將（某月太陽所躔之宮次）等。不過，由於不同的古代曆法推步的誤差及歲差的問題，若干年後，其術數所用之星辰的位置，已與真實星辰的位置不一樣了；此如歲星（木星），早期的曆法及術數以十二年為一周期（以應地支），與木星真實周期十一點八六年，每幾十年便錯一宮。後來術家又設一「太歲」的假想星體來解決，是歲星運行的相反，週期亦剛好是十二年。而術數中的神煞，很多即是根據太歲的位置而定。又如六壬術中的「月將」，原是立春節氣後太陽躔娵訾之次而稱作「登明亥將」，至宋代，因歲差的關係，要到雨水節氣後太陽才躔娵訾之次，當時沈括提出了修正，但明清時六壬術中「月將」仍然沿用宋代沈括修正的起法沒有再修正。

由於以真實星象周期的推步術是非常繁複，而且古代星象推步術本身亦有不少誤差，大多數術數除依曆書保留了太陽（節氣）、太陰（月相）的簡單宮次計算外，漸漸形成根據干支、日月等的各自起例，以起出其他具有不同含義的眾多假想星象及神煞系統。唐宋以後，我國絕大部分術數都主要沿用這一系統，也出現了不少完全脫離真實星象的術數，如《子平術》、《紫微斗數》、《鐵版神數》等。後來就連一些利用真實星辰位置的術數，如《七政四餘術》及選擇法中的《天星選擇》，也已與假想星象及神煞混合而使用了。

隨着古代外國曆（推步）、術數的傳入，如唐代傳入的印度曆法及術數，元代傳入的回回曆等，其中我國占星術便吸收了印度占星術中羅睺星、計都星等而形成四餘星，又通過阿拉伯占星術而吸收了其中來自希臘、巴比倫占星術的黃道十二宮、四大（四元素）學說（地、水、火、風），並與我國傳統的二十八宿、五行說、神煞系統並存而形成《七政四餘術》。此外，一些術數中的北斗星名，不用我國傳統的星名：天樞、天璇、天璣、天權、玉衡、開陽、搖光，而是使用來自印度梵文所譯的：貪狼、巨門、祿存、文曲，廉貞、武曲、破軍等，此明顯是受到唐代從印度傳入的曆法及占星術所影響。如星命術中的《紫微斗數》及堪輿術中的《撼龍經》等文獻中，其星皆用印度譯名。及至清初《時憲曆》，置閏之法則改用西法「定氣」。清代以後的術數，又作過不少的調整。

此外，我國相術中的面相術、手相術，唐宋之際受印度相術影響頗大，至民國初年，又通過翻譯歐西、日本的相術書籍而大量吸收歐西相術的內容，形成了現代我國坊間流行的新式相術。

陰陽學——術數在古代、官方管理及外國的影響

術數在古代社會中一直扮演着一個非常重要的角色，影響層面不單只是某一階層、某一職業、某一年齡的人，而是上自帝王，下至普通百姓，從出生到死亡，不論是生活上的小事如洗髮、出行等，大事如建房、入伙、出兵等，從個人、家族以至國家，從天文、氣象、地理到人事、軍事，從民俗、學術到宗教，都離不開術數的應用。我國最晚在唐代開始，已把以上術數之學，稱作陰陽（學），行術數者稱陰陽人。（敦煌文書、斯四三二七唐《師師漫語話》：「以下說陰陽人謾語話」，此說法後來傳入日本，今日本人稱行術數者為「陰陽師」）。一直到了清末，欽天監中負責陰陽術數的官員中，以及民間術數之士，仍名陰陽生。

古代政府的中欽天監（司天監），除了負責天文、曆法、輿地之外，亦精通其他如星占、選擇、堪輿等術數，除在皇室人員及朝庭中應用外，也定期頒行日書、修定術數，使民間對於天文、日曆用事吉凶及使用其他術數時，有所依從。

我國古代政府對官方及民間陰陽學及陰陽官員，從其內容、人員的選拔、培訓、認證、考核、律法監管等，都有制度。至明清兩代，其制度更為完善、嚴格。

宋代官學之中，課程中已有陰陽學及其考試的內容。（宋徽宗崇寧三年〔一一零四年〕崇寧算學令：「諸學生習……並曆算、三式、天文書。」「諸試……三式即射覆及預占三日陰陽風雨。天文即預

定一月或一季分野災祥，並以依經備草合問為通。」

金代司天臺，從民間「草澤人」（即民間習術數人士）考試選拔：「其試之制，以《宣明曆》試推步，及《婚書》、《地理新書》試合婚、安葬，並《易》筮法，六壬課、三命、五星之術。」（《金史》卷五十一・志第三十二・選舉一）

元代為進一步加強官方陰陽學對民間的影響、管理、控制及培育，除沿襲宋代、金代在司天監掌管陰陽學及中央的官學陰陽學課程之外，更在地方上增設陰陽學課程（《元史・選舉志一》：「世祖至元二十八年夏六月始置諸路陰陽學。」）地方上也設陰陽學教授員，培育及管轄地方陰陽人。（《元史・選舉志一》：「（元仁宗）延祐初，令陰陽人依儒醫例，於路、府、州設教授員，凡陰陽人皆管轄之，而上屬於太史焉。」）自此，民間的陰陽術士（陰陽人），被納入官方的管轄之下。

至明清兩代，陰陽學制度更為完善。中央欽天監掌管陰陽學，明代地方縣設陰陽學正術，各州設陰陽學典術，各縣設陰陽學訓術。陰陽人從地方陰陽學肄業或被選拔出來後，再送到欽天監考試。（《大明會典》卷二二三：「凡天下府州縣舉到陰陽人堪任正術等官者，俱從吏部送（欽天監），考中，送回選用；不中者發回原籍為民，原保官吏治罪。」）清代大致沿用明制，凡陰陽術數之流，悉歸中央欽天監及地方陰陽官員管理、培訓、認證。至今尚有「紹興府陰陽印」、「東光縣陰陽學記」等明代銅印，及某某縣某某之清代陰陽執照等傳世。

清代欽天監漏刻科對官員要求甚為嚴格。《大清會典》「國子監」規定：「凡算學之教，設肄業生。滿洲十有二人，蒙古、漢軍各六人，於各旗官學內考取。漢十有二人，於舉人、貢監生童內考取。附學生二十四人，由欽天監選送。教以天文演算法諸書，五年學業有成，舉人引見以欽天監博士用，貢監生童以天文生補用。」學生在官學肄業、貢監生肄業或考得舉人後，經過了五年對天文、算法、陰陽學的學習，其中精通陰陽術數者，會送往漏刻科。而在欽天監供職的官員，《大清會典則例》「欽天監」規定：「本監官生三年考核一次，術業精通者，保題升用。不及者，停其升轉，再加學習。如能黽勉供職，即予開復。仍不及者，降職一等，再令學習三年，能習熟者，准予開復，仍不能者，黜退。」除定期考核以定其升用降職外，《大清律例》中對陰陽術士不準確的推斷（妄言禍福）是要治罪的。《大清律例・一七八・術七・妄言禍福》：「凡陰陽術士，不許於大小文武官員之家妄言禍福，違者杖一百。其依經推算星命卜課，不在禁限。」大小文武官員延請的陰陽術士，自然是以欽天監漏刻科官員或地方陰陽官員為主。

官方陰陽學制度也影響鄰國如朝鮮、日本、越南等地，一直到了民國時期，鄰國仍然沿用着我國的多種術數。而我國的漢族術數，在古代甚至影響遍及西夏、突厥、吐蕃、阿拉伯、印度、東南亞諸國。

術數研究

術數在我國古代社會雖然影響深遠，「是傳統中國理念中的一門科學，從傳統的陰陽、五行、九宮、八卦、河圖、洛書等觀念作大自然的研究。……傳統中國的天文學、數學、煉丹術等，要到上世紀中葉始受世界學者肯定。可是，術數還未受到應得的注意。術數在傳統中國科技史、思想史，文化史、社會史，甚至軍事史都有一定的影響。……更進一步了解術數，我們將更能了解中國歷史的全貌。」（何丙郁《術數、天文與醫學中國科技史的新視野》，香港城市大學中國文化中心。）

可是術數至今一直不受正統學界所重視，加上術家藏秘自珍，又揚言天機不可洩漏，「（術數）乃吾國科學與哲學融貫而成一種學說，數千年來傳衍嬗變，或隱或現，全賴一二有心人為之繼續維繫，賴以不絕，其中確有學術上研究之價值，非徒癡人說夢，荒誕不經之謂也。其所以至今不能在科學中成立一種地位者，實有數因。蓋古代士大夫階級目醫卜星相為九流之學，多恥道之；而發明諸大師又故為惝恍迷離之辭，以待後人探索；間有一二賢者有所發明，亦秘莫如深，既恐洩天地之秘，復恐譏為旁門左道，始終不肯公開研究，成立一有系統說明之書籍，貽之後世。故居今日而欲研究此種學術，實一極困難之事。」（民國徐樂吾《子平真詮評註》，方重審序）

現存的術數古籍，除極少數是唐、宋、元的版本外，絕大多數是明、清兩代的版本。其內容也主要是明、清兩代流行的術數，唐宋或以前的術數及其書籍，大部分均已失傳，只能從史料記載、出土文獻、敦煌遺書中稍窺一鱗半爪。

術數版本

坊間術數古籍版本，大多是晚清書坊之翻刻本及民國書賈之重排本，其中豕亥魚魯，或任意增刪，往往文意全非，以至不能卒讀。現今不論是術數愛好者，還是民俗、史學、社會、文化、版本等學術研究者，要想得一常見術數書籍的善本、原版，已經非常困難，更遑論如稿本、鈔本、孤本等珍稀版本。在文獻不足及缺乏善本的情況下，要想對術數的源流、理法、及其影響，作全面深入的研究，幾不可能。

有見及此，本叢刊編校小組經多年努力及多方協助，在海內外搜羅了二十世紀六十年代以前漢文為主的術數類善本、珍本、鈔本、孤本、稿本、批校本等數百種，精選出其中最佳版本，分別輯入兩個系列：

一、心一堂術數古籍珍本叢刊

二、心一堂術數古籍整理叢刊

前者以最新數碼（數位）技術清理、修復珍本原本的版面，更正明顯的錯訛，部分善本更以原色彩色精印，務求更勝原本。并以每百多種珍本、一百二十冊為一輯，分輯出版，以饗讀者。

後者延請、稿約有關專家、學者，以善本、珍本等作底本，參以其他版本，古籍進行審定、校勘、注釋，務求打造一最善版本，方便現代人閱讀、理解、研究等之用。

限於編校小組的水平，版本選擇及考證、文字修正、提要內容等方面，恐有疏漏及舛誤之處，懇請方家不吝指正。

心一堂術數古籍 珍本 整理 叢刊編校小組

二零零九年七月序

二零一四年九月第三次修訂

挨星撮要

分三才定論

大道既判有形因形而有數天道得乾為体輕清而在上所用阳也地道得坤之三体重濁以在下所用者陰也人生於中禀天地陰阳之氣而曰三才天地始終一十弍萬九千六百年為一元一萬八千年為一會三百六十為一歲二萬六千為一刼三萬六千刼為一浩天開於子地闢於丑人生於寅物生於戌到亥則週一十二會而復混矣人為萬物之灵得天地之正氣原賦一千廿九年六十日為一會之數天道運用不失常道混沌时大昜生水未有氣曰大極 大初生火有氣未形曰初大始生木有形未質曰大始大素生金未有体曰大素大極生土形質也

已具曰大極　水一　火二　木三　金四　土五　止此
大極始生兩儀兩仪生四像四象生八卦八卦生金木水火
土週天三百六十五度四分度之一止

乾卦三爻吉水合局

乾水合局武曲星龍祖挨在本卦輪子夘二山皆叶
吉挨入貪狼富貴與更得文峯侵雲漢狀元榜眼佐
朝建東西兩卦真發福肥矮圓頭照砂許
戌水合局廣田庄富堪敵國多稅粮若合四吉一齊
到翰林學士顯文章壬甲二龍遇此水忠厚傳家播
鄉邦倘遇戌砂高昂岐雖然富貴也不良

亥水原來第六星挨到六一是真龍西卦得此多出
富更誇馬上好良弓若遇鉢盂砂形像積善修緣俾
道崇魁星若是揮天漢乙癸二峯狀元鐘

坎卦三爻吉水合局

坎卦正位北方中挨入七赤替到東挨入四七為龍
祖七赤之年富貴成水迎再得砂高拱双龍入穴近
君門六指双生皆此出男與女敗更可伶
壬水驟富多名利龍得庚辰卿相地若遇子癸錯差
至斷定出富而且貴最喜丑戌三頭脉定然離鄉着
紫衣夾雜江東便減力祗可納粟湊名歸

癸水合局富貴全双生寡母發所連寅亥骨肉龍到
此砂迎水秀福綿綿四七之時遇此多家家仲男福
騈臻水分高低有凝集垂耳双龍福陲壁

艮卦三爻吉水合局

艮水合局破軍星上應三台天帝宮悠揚水聚不逼
官定然科發少年童坎震兌山成正局為官清貴異
國洄水情短背只好富縱然當今少見人
丑水合局利田庄牛羊發家利滿倉壬甲双龍成會
合也教門庭有[illegible]矣挨得山水不出卦官居黄甲壯
名揚砂反石攔無形像詹局時到少丁傳

寅水合局勢洋〻財丁兩旺熾而昌緣遇高人扦真
穴文章壓白桂飄香魁星占此叶吉　文武官班叅
遠鄉若是砂形成破碎更加口訣斷虎傷

震卜三爻吉水合局

震卜合法旺人丁為官職重逞英雄大聲嘵胆人驚
畏家作皇家保駕臣更喜貪狼入仳位驟富石崇誰
能比二四得三為上吉不拘長個當貴
甲水合局旺富貴辰戌迢〻是真氣陰阳相見好渠
施出入魁首少登科挨得丑戌二山穴斷定長房身
價貴若遇地元同一卜人〻馬上錦衣回

山水原來號催官墓宅逢此滿心歡七赤之元得遇
此多利顯達南州冠巳寅二宮得此水富貴双全總
一般倘或他卜来雜入管教螟蛉斷子安

巽卜三爻吉水合局

巽水得元能救貧巽砂巽水巨富翁若得天魁揮雲
漢兄弟連播聲名揚得右弼離火穴經洛之士逞威
風娥眉文峯居鎮此八妃附馬佐朝廷
辰水巽巽各不同縱然合法祇富人若得八千同一
到匠馬单刀佐朝廷護砂合水真叶吉武官受封侯
萬名前後左右砂癡蠢祇出他富砂薄人

巳水排例是武曲辛丁二字是真龍遇此東卦九局
晉富貴榮華戶戶與貪狼尾拖臨此字能精來護旺
丁財七赤之年得此水巳丙之人發福真
离卦三交吉水合局 暗法細候
离水本屏文曲星合元合局富貴真官星相生合此
地时至南方發福蹤若九局水局拱顧子龍結穴位
三公更看拋號例左右晉敎兒孫受皇封
丙水原來是破軍一白之年是真蹤犯罷之家因此
救此方救文濘破程山吉水乘元氣下後兒孫亏
名聲挨得長山得此水人人蹺馬玉街行

丁水合局右弼行男女福寿更康寧人元一卦無夾
雜㨂萃超羣顯聲文男女頭項出白髮僧教師文出
聰明若得向回龍穴　富貴双全萬餘春

坤卦三爻吉水合局

坤水得令水來紹長房個々着紫袍若得坤字塘集
水房々人與俱富豪此砂此水真合吉寡母持家財
牛好更逢卓㨂旂旄樣女作將軍男擒讨
申字貪狼號魁首丁山（辛）二山同一路乱峯若然当衙
秀文武小官亦堪數少年發達亦顯貴腹大之人富
益壽辛山乙向過此水斷定長房富（福）悠久

未水巨门用倒排父母丙庚山上裁出人[illegible]雅
道廣罷田庄旺血財辰戌丑宮一同到南北兩卦好
剪排兼然此水只應富山峯合吉貴亦來

兌卦三爻吉水合局

兌水本宮號破軍挨得坤巽氣相通文筆若然端正
坐出人貴秀雅而清若是砂水隨流出継然富貴醜
家風幸遇高人扞真穴發嗣善說受皇恩
庚水合局卦清純扞獄危言出才人胆大人秀皆鐘
此為官職重顯英雄若然出一兩位　定斷女權忤
逆砂遇得水迎砂拱顧逢令也出世明人

辛水排來到破軍寅巳二龍在申里宮連揮兩峰來附馬
只見一峯女端容更得山水真完叶女貴分家一齊
榮少年科甲名標榜枕防富貴壽小齡

乾卦衰旺破局

乾卦当富且貴墩埠园項名僧輩七丫八丫不端方断出金銀匠師類每因頭病兼目疾阴阳不搆卦不誤見戌水女喪夫誤見乾水老翁忌誤見亥水男人退央雜不清家道瘠乾水失令当不得水形直射水人吐血砂水如刀主砍頭犯罪招刑女作孽見戌冲射女人死乾水独去家長滅更見亥水不堪当管敲長房人丁絶

坎卦衰旺破局

坎水当令占大魁富貴双全人秀麗七丫八丫水形像只出木匠而不貴誂見壬水男人絶耳心吐倶病類誂見子水仲男傷仲媳吐血心便悸誂見癸水女崩病又防招賊生鬼計　坎水失令大难当出盜

出賊婦人娼男作軼夫犯官形阴人灵被見血傷

艮宮衰旺破局斷

艮

癸水當令名利全先出富者後出貴官則皇门院上客富堪敵國陶朱輩七丫八丫水不仁無患奢富而不貴誤見丑水孛男鰥誤見　水少丁退誤見寅水男丁傷多招手足癱瘓疾　艮水失令號五雷每見人家灵冷退砂水一齊均不吉瘋疾賊盜尽皆起水形直射少丁亡縱然生育难成喬出人奸巧愛小利鬼侵賊劫灵號泣

震宮衰旺破局斷

震水當令大富貴好善樂施文人並七丫八丫美不足出人貪花

并姦妓誤見甲水長子憂誤見卯水長媳慮誤水見乙均不吉
男出倖童女娼妓 震水失令出卦外盲目之疾手足壞賊
瘂馬夫煞吐血男盜女娼家業敗

巽卦衰旺破局斷

巽水當令富貴巽主出高長大漢人若見七丫八丫外雖然家
旺陰人損誤見辰水主不利誤見巽水媳喪夫誤見巳水皆不吉
女人自縊主鬎鬁眼花股疾出木匠狐膻腋臭陰人當更有砂
水真直杀長子先絕上法堂

离宮衰旺破局斷

離水當令曰富貴武官掌正威權位七丫八丫而慶益大腹大目

人名利誤見丙水男丁傷誤見午水仲媳怨誤見丁水號家鬼長淫乱閨閫内肥奤矮子逆童叱白淫巧并將兒童去出繼　离水失令不得歡出人逞凶生異端雷擊女人心不正瞽目頭痛腹疾迯女人作妓声名臭上奸下來兄奸妹更遇七九連交水定斷家空回因縁　宜細玩

坤宮衰旺破局

坤水当令出大富繩繩振振金榜題七丫八丫則減力富廣丁多难而已誤見未水女人病坤水合元寡母興誤見申水男丁憂昏敎腹疾驗如神　坤水失令出寡妇淫乱風声敗门户買鍋生理終必絕牛販生理切必應

兌宮衰旺破局断

兌水當今出女貴男貴鹽商河宮類七丫八丫出美人小客尼姑女巫聾男人缺齒并缺唇因卦交姤乱元微誤見丢多季媳寡善罵長舌倡作妓誤見辛水閨女淫誤見庚水為妾婢

兌水失令女出賣男人淫蕩敗女灰男人癡呆足傷口貪花好賭愛酒家更嫖砂水似拖鎗女隨人走男丁亡

以上八宮總宜希夷細玩評穴向砂水而断一宮三爻分用

親口授受更明

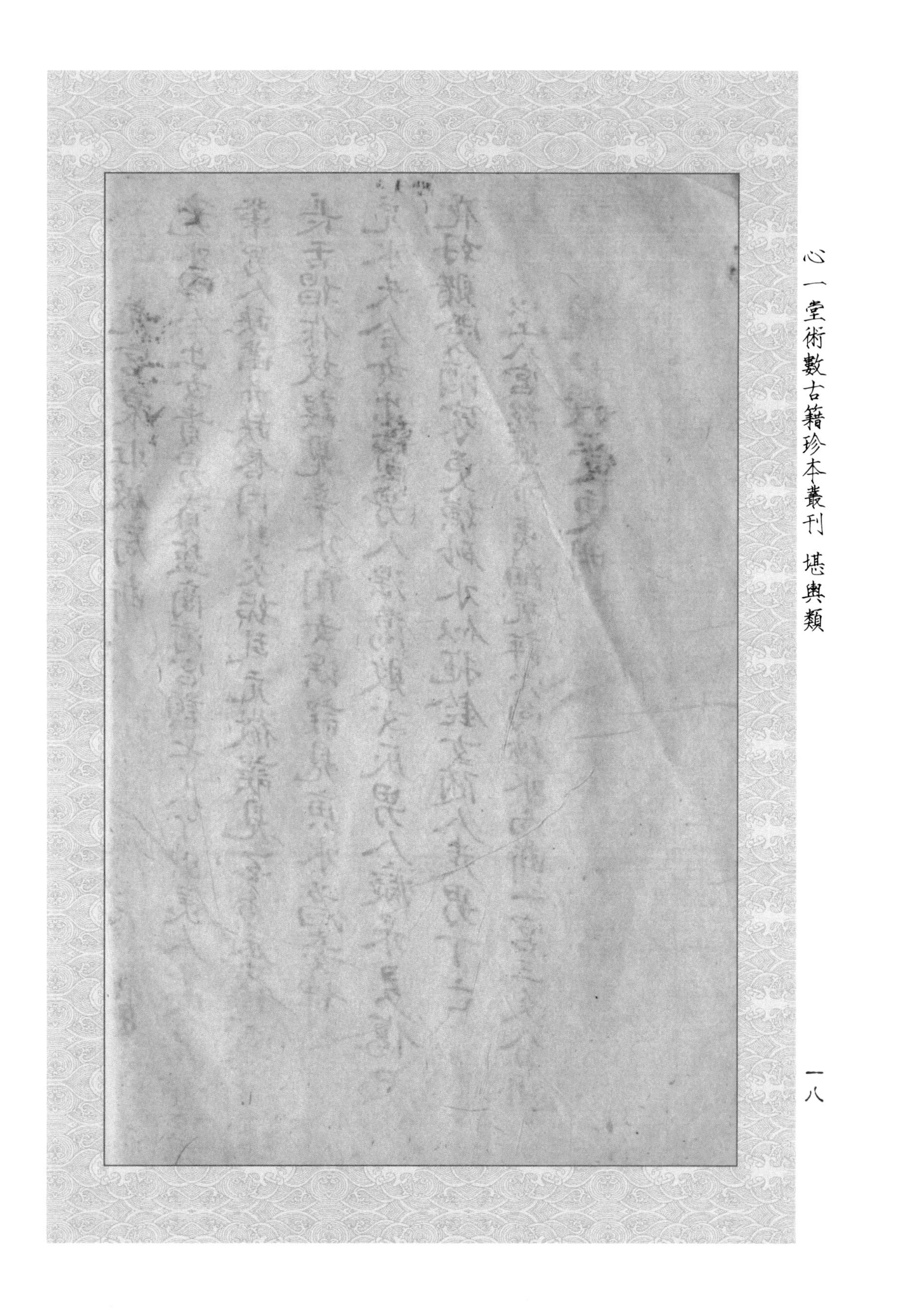

挨星断訣

壬山丙向水出丑戌交媾也見午水仲媳喪夫見丁字水而人不利若向兼運巳未二水不出戌丑而出兌則老少婦人淫佚男丁少財稍可 乃上元子戌小運正令

子山午向水出乾艮交媾也誤見丙水男人不利若向上兼連坤巽二水不出乾艮而出兌一黨女人作乱家道不昌而得令不祥 乃上元子戌正旺

癸山丁向水出亥寅乃交媾也見午水仲男死若向兼巳未二水不出亥寅而出兌則女人不和而幼女多淫財雖有而丁不顯耀

乃上元子戌小運大旺

坤山艮向水出酉午乃交媾也見丑水季男喪妻有手指之病

、若向上兼連坎震二水不出午酉而出乾則老父與仲男

不和損少丁財乏不順人更貧賤 上元甲午

未山丑向水出庚丙乃交媾也見艮水三男早妖若向上連見

坎震二水不出庚丙而出乾則兄弟爭訟亡身家道貧之

丁多不一家長淫家婢之驗 上元甲午

申山寅向水出辛丁乃交媾也見艮水男丁多損手足之病

向連見坎震二水不出辛丁而出乾一派男人作乱家道

蕩癈不堪 上元甲午

甲山庚向水出丑戌主大富貴正交媾也見酉水季媳喪夫

中又善罵詈多有美女好淫若向見連坤水貼身巽水不出戌丑而出離則少女與老母不睦長女與中女不和 上元辰寅

卯山酉向水出艮乾正交媾也巨富貴文成播声名見庚水男人缺春若向見連坤水貼身巽水不出艮乾而出離則男人丁少夭多寡妇每見不和并淫佚 上元辰寅

乙山辛向水出寅亥之交媾也運致富而廣丁見酉水女人不利見坤巽二水不出寅亥而出離黨女好淫不端而生逆子 上元辰寅

辰山戌向水出丙庚之交媾也自富且榮見乾水老翁不壽有頭目之病向見坎水貼身震水不出丙庚而出艮則財旺

丁不端二房主敗宅母無夫長房死　中元子戌

巽山乾向水出午酉之交媾也正運富貴双榮見戌水女人喪夫亥水男丁不壽見向坎震二水不出午酉而出艮應出倖堂凶徒長媳守寡無夫多主父子兄弟不睦　中元子戌

戌山辰向水出壬甲之交媾也得運富而且貴見巽水長媳無夫若向丙水貼身兑水不出壬甲混雜出坤然巽离坤兑四陰卦純陰宅長喪父主賊盜犯官刑少女産亡　中元午辰

巳山亥向水出丁辛乃交媾也丁財並美得合小富見乾水無家長丁嗣不端向見坎震二水不出丁辛而出艮老母長媳醜声外揚主腹症二房不利　中元子戌

乾山巽向水出子卯乃交媾也富貴兩双見辰水陰人多損向見
离水貼身兌水不出子卯而混雜出坤然巽离坤兌純陰
巳吉凶參半女多淫 中元辰寅
亥山巳向水出癸乙之交媾也大富貴誤見辰水女人不利向
見丙水貼身兌水不出癸乙兼連出坤則四那卦一派婦女
不和而長少不利 中元午辰
庚山甲向水出未辰交媾也致富廣丁見卯水長媳不利
恐目疾不全殘足之病向艮水貼身乾水不未辰而混
雜出坎純陽老父失子丁財不足一家不睦 下元子戌
酉山卯向水出坤巽正變交媾富頓局見甲水長子受傷向

上左有艮水貼身乾水不出坤巽兼連混雜出坎理曰四阳卦男鰥常有倖童下賊發福难　下元子戌

辛山乙向水出甲庚乃正變交媾能發福見甲卯水長房不利孟媳难与向見艮水貼身乾水不出申巳離混出坎定判男人不和仲子受侄一难發福富每　下元子戌

丑山未向水出甲壬乃正變交媾也最財丁見坤水老母主事出寡婦向見离兑二卦水不出甲壬而混雜出巽則巽离坤兑卦交不配女人多淫男人血疾發福难　下元甲午

艮山坤向水出卯子乃交媾也大富損見未水女人不利向巽兑離二水不出卯子混雜出巽陰阳不配多富貴中女每長

媳不和癸福應下元甲軒小運之局（下元午申）

寅山申向水出乙癸巨變交媾富貴栄向見未坤二水女人不利而
离兑二水不出乙癸而出巽少女母老母不利致富而賤行而
不安亦下元午申小運之旺（下元甲午）

丙山壬向水出辰未發富丁見子水仲男死或喪妻耳病吐血
乃純阳之卦固不配向艮乾二水不出辰未混雜出震故父
子兄弟不和出逆丁貧之（正運下元辰寅小運）

午山子向水出巽坤四九交媾富貴全若見壬水損男丁主生
血疾向見艮乾二水不出巽坤混雜出震然乾坎艮震純陽
卦必出作孽之人一家作禍（下元辰寅之運）

丁山癸向水出巳申交媾發福旺文人向見壬子二水陰人主生血疾向見艮乾二水不出巳申混出震故乾坎艮震不配必出忤逆之兒財須有丁多賤行下元辰宮之局

西卦

卦	宮	元運	年
乾	六白武宮	中元甲午甲辰 甲寅卅	乾隆卅九年
兌	七赤破宮	下元甲子甲戌	嘉慶九年
艮	八白輔宮	下元甲申甲午	
離	九紫弼宮	下元甲辰甲寅	

中五宮

東卦

卦	宮	元運	年
巽	四綠文宮	中元甲子甲戌 甲申卅	乾隆九年
震	三碧綠宮	上元甲辰甲寅	
坤	二黑巨宮	上元甲申甲午	
坎	一白貪宮	上元甲子甲戌	康熙十二年

自上元甲申甲午坤以兌為催官

自下元甲子甲戌廿年兌以坤為催官

自中元甲子甲戌廿年巽以離為催官自下元甲辰甲寅廿年離以巽為催官

坤 地二 兌 天七 地六 乾

離 天九 天五 地十 天一 坎

巽 地四 天三 地八 艮

自上甲子甲廿年坎以乾為催官

自下元甲午甲寅甲辰廿年乾以坎為催官

自下元甲申甲午廿年艮以震為催官上元甲辰甲寅廿年震以艮為催官

以六在坎以金入水鄉也三八在震以土能養木也二七居离以火從火位也四九在兌以金從金位也

河圖

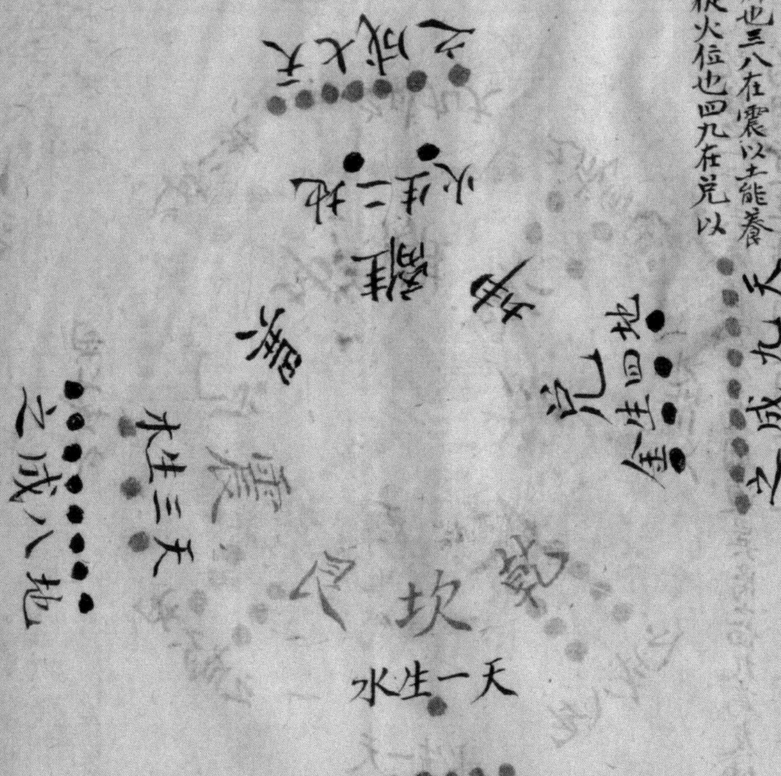

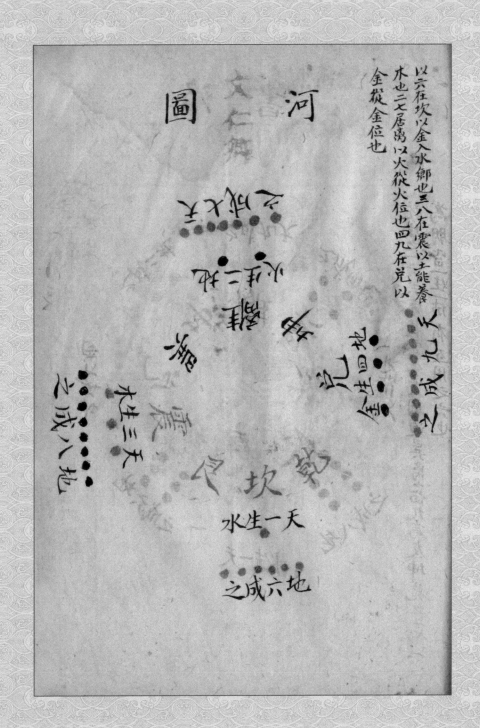

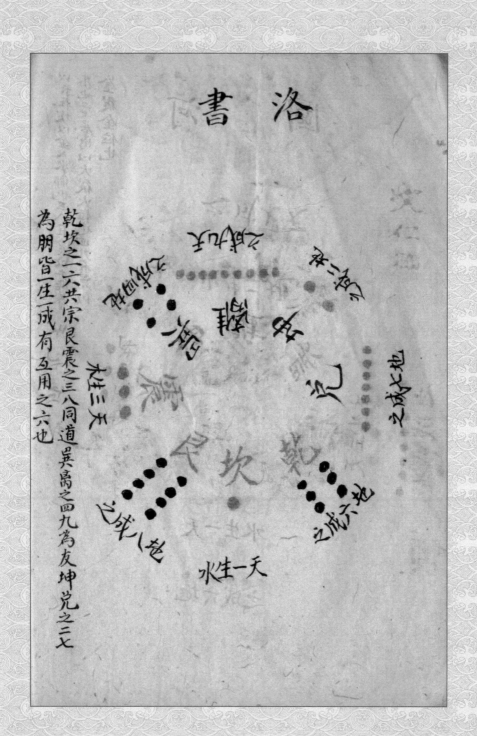

洛書

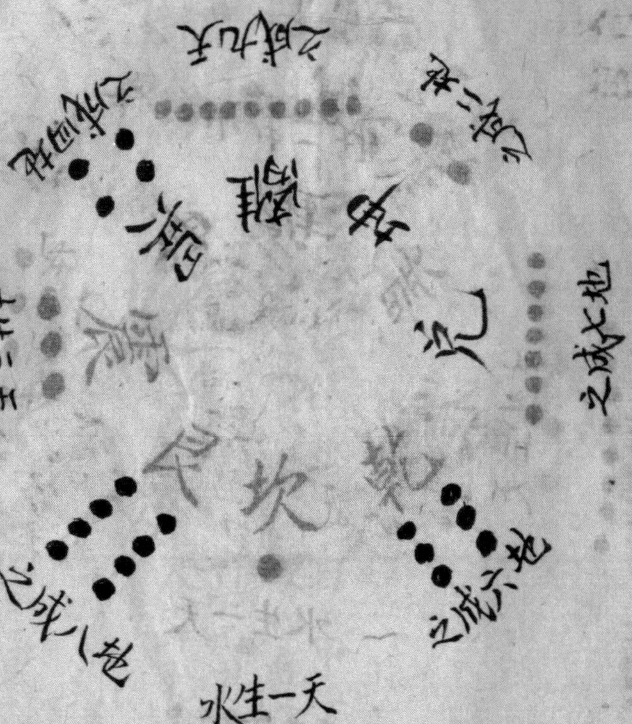

乾坎之一六共宗艮震之三八同道巽离之四九為友坤兑之二七為朋皆一生一成有互用之六也

文錦樓

龍祖出脈入穴圖

用法俱在此圖

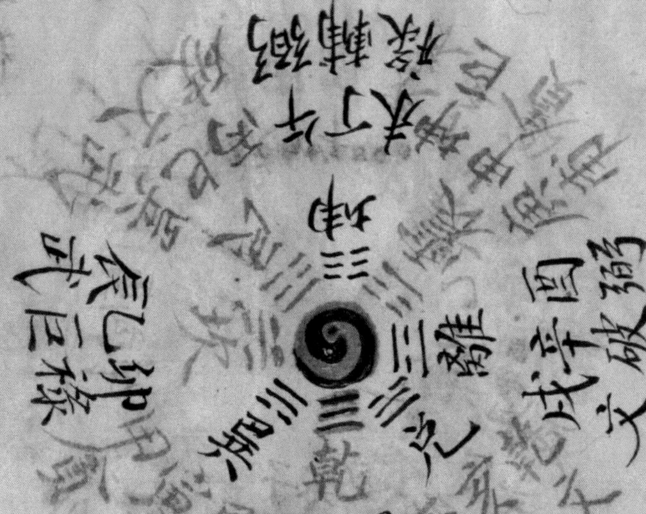

挨山倒排父母陰陽逆順

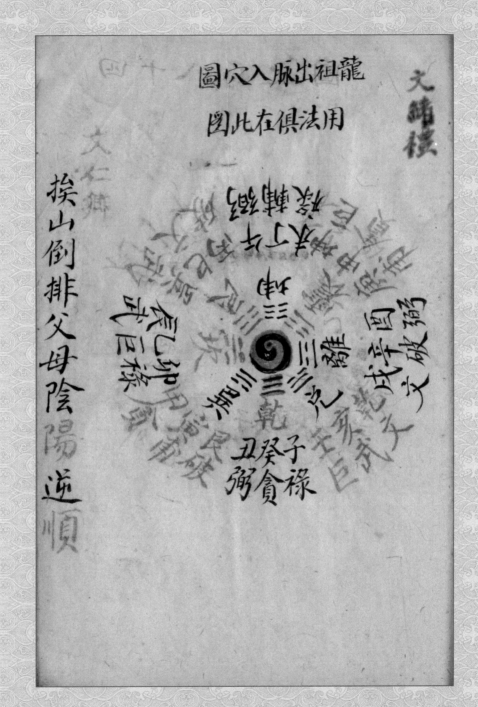

四十八局之圖

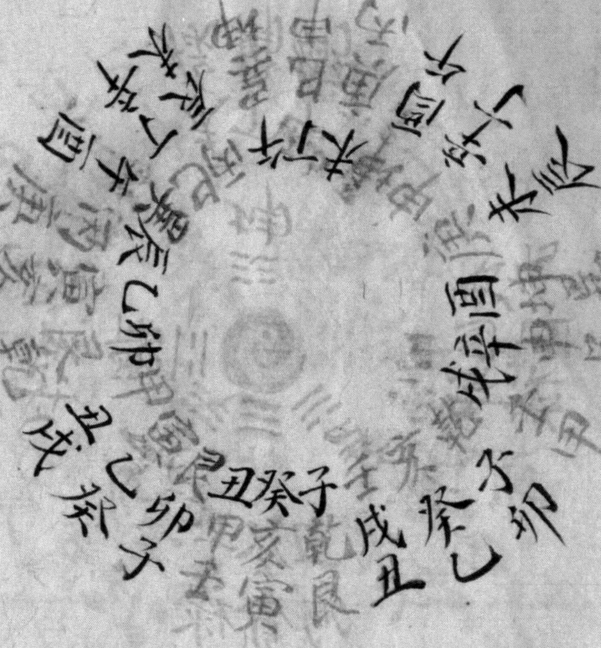

挨水之圖

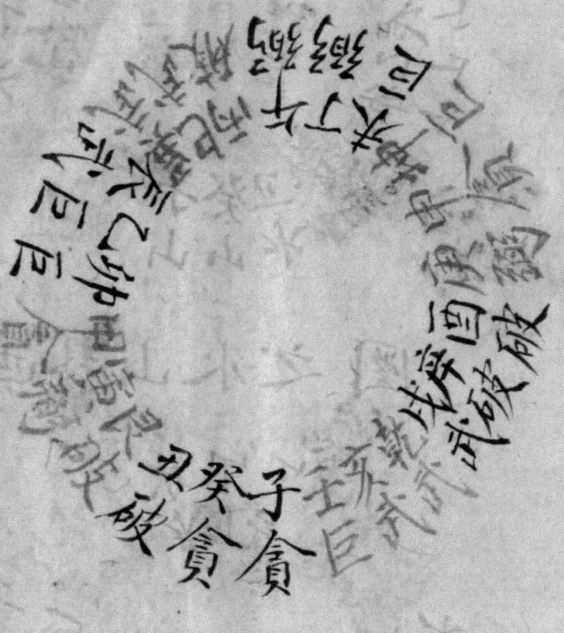

誠門訣從出水上挨起陽順陰逆

東卦山水之圖

西卦山水之圖

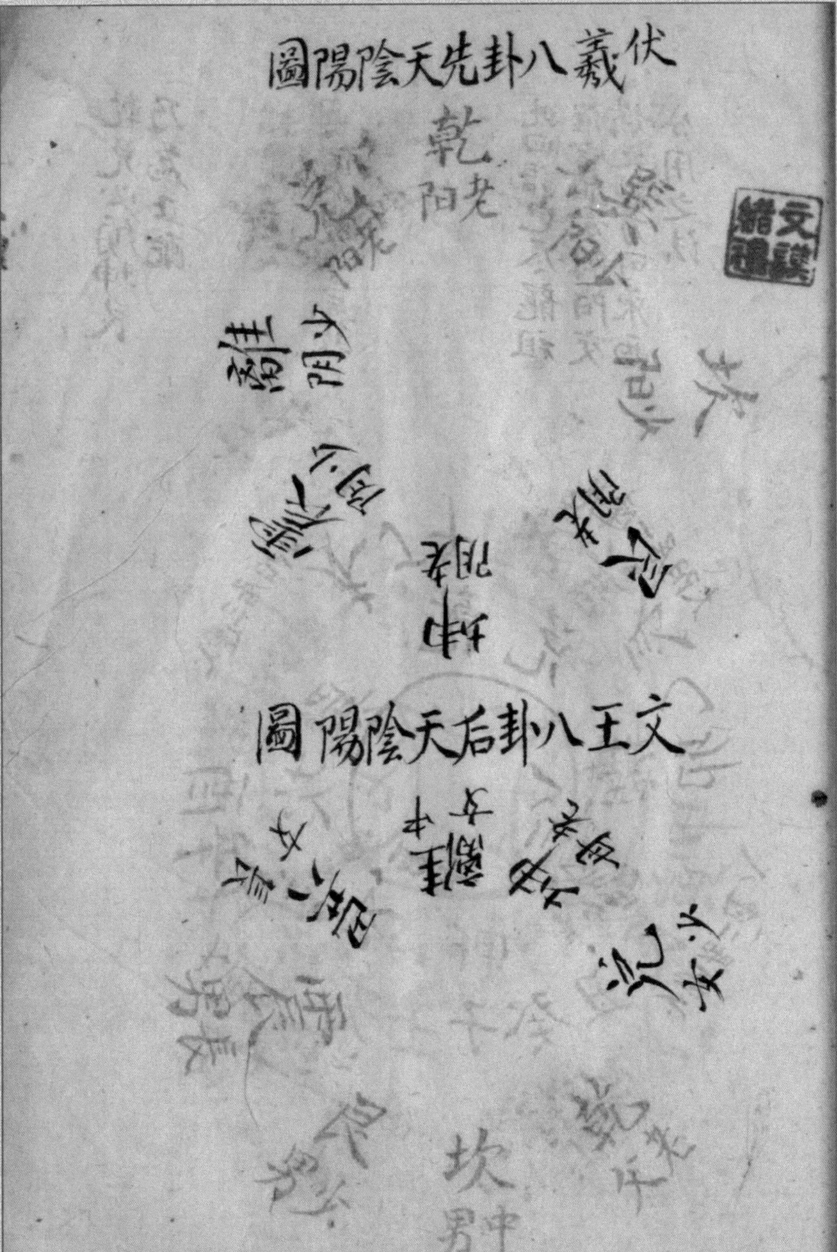
伏羲八卦先天陰陽圖
乾
老陽
文王八卦后天陰陽圖
坎
中男

乾兑必須坤艮
乃為正配
始是正交
離震見乎巽坎
此四語包尽龍祖
催官正变阴阳交
媾之妙方可柬西
分用之法

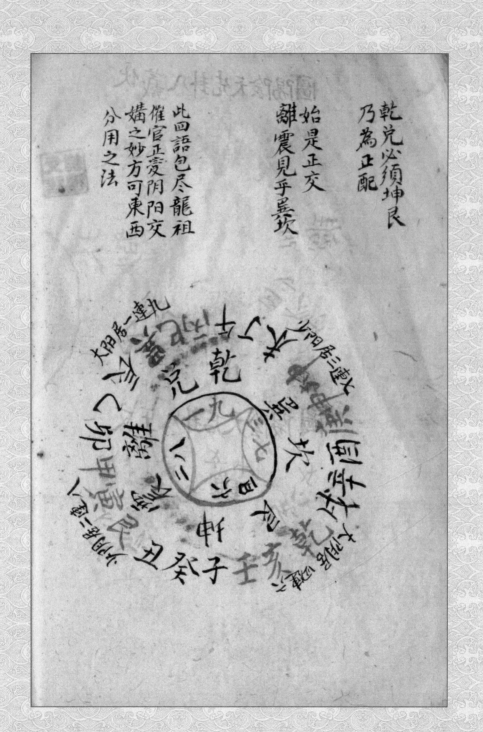

生成即洛書

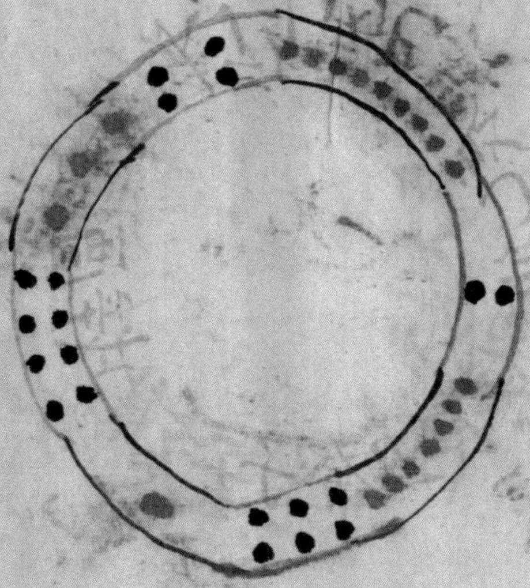

廿四山陰陽

三大卦陰陽

山龍挨星圖

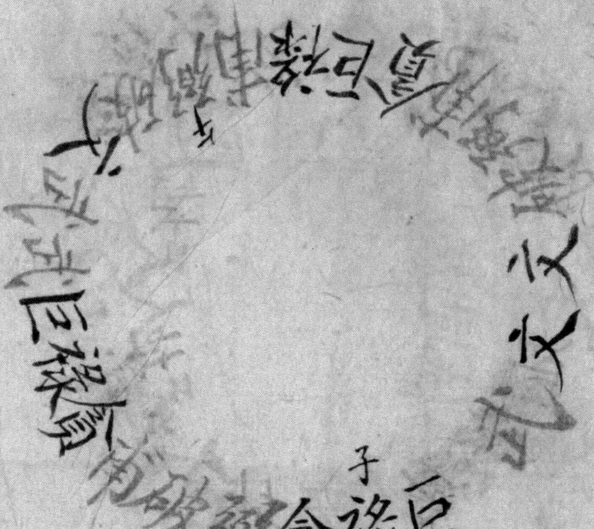

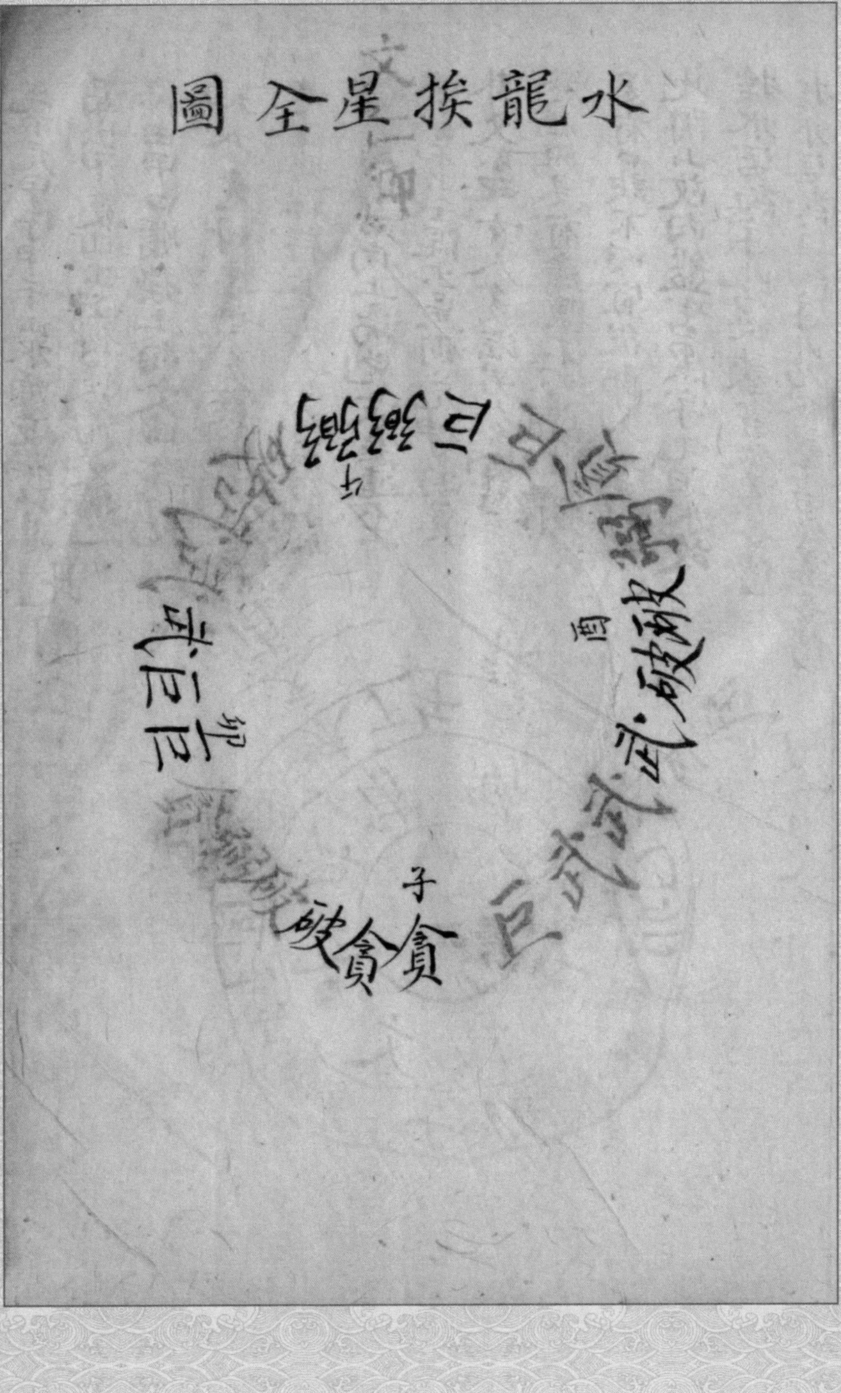
水龍挨星全圖
午
酉
卯
子
貪

此下元甲子甲午山水順逆挨法正局出甲变曲出壬併作陰阳交搆之妙由甲口順挨上向文曲誤見坤水老母主事多寡婦倒排當上是禄存逆挨上向左甫乃子未卯三局也若向上离兑二水無違不出甲亦不出壬混出邑則兑坤离巽卦爻不死女人多淫男人多有血疾發福难更有應盛不明此用此圖更有口訣不明宜從師入學

此阴山故内盤用黑字此阳水故挨水用紅字此乃秘訣不可欽義妄傳

此圖丑山未向阴山阳水

廿四山分順逆可以類推

上元挨星

午酉丑右弼七八九　寅庚丁以倒輔星　艮丙辛位是破軍

下元挨星

坤壬乙巨門從頭出　甲癸申貪狼一路行　子未卯一三祿存倒

中元挨星

巽辰亥尽是武曲位　戌乾巳文曲古連次

子癸貪狼與甲申　酉丑艮丙辛破軍　戌乾巳亥并辰巽

水裏龍神　武曲原未一倒申　寅午庚丁四位上右弼之星次第臨　乙

卯未坤壬水上巨門星排是真踪

此語宜熟細玩

光緒十一年乙酉歲仲冬月下浣之八日此本誓立
慎秘不可輕授後傳明徒輕泄濫授誓立誓準

一層太極

青烏經奇元篇云鉄乃北金慈石鉄母針雖指南本實恋北陽生子中阴生午中自子至丙東南司阳自午至丙西北司陰南北之正號曰指南即大極之一綠也乃先天一点真阳之氣由靜生動朕兆初萌而吉凶未判奇偶由此而分剛柔於此而立陰阳者上升為天濁阴廿為地阳中之阳凝魂為日阴中之阴生為月天地為月成形為著象而兩儀立焉所謂涵三把一此耳

大極

第二層先天八卦乾一居南坤八居北离三居東坎六居西兑二居東南巽五居西南震四居東北艮七居西北然特舉其定位言之其實乾居午

而實起子坤居子而實起于午坎居酉而實終於卯离居卯而實終於酉
以及震兌艮巽莫不皆然循環往復互為終始變動不居周流六位
求居四象則乾兌生於老阳坤艮生於老阴坎巽变自少阳离震变
自少阴求居八卦則天地定位山澤通氣雷風相薄水火不相射若於圖
象之中老少乖迕阴阳差錯天地閉塞水火間隔欲求其胎息孕育难
以奈老誠之先天知所以為先天而又知後天之無往而非先天則青
囊奧語化始化機化生一以貫之矣圖載經盤第三層生成即洛
书而載經盤生成之数河圖列於四正先天八卦出為洛书金火易
位布於四隅後天八卦出焉即大乙下行九宮法也分而洛书綜之一白貪
狼木在坎二黑巨门土在坤三碧祿存土在震四綠文曲水在巽五黄廉火

在中六白武曲金在乾七赤破中金在兌八白左輔金在艮九紫右弼火在离河圖
為合而計之一六共宗二七同道三八為朋四九為友五十同途究其為
用分其兩片合而四局東西互根正變交媾而已求山訣水訣廿慎勿忽許
第四層圖載經盤廿四山〇此後天方圖也青囊序云先天次舍故曰先
地道法天雖有十二宮而位分八卦每卦三爻三分廿四位以應廿四節氣
故曰後天干得五位屬天支得六位屬地 以日之次舍論之子月丑將日
纏玄枵之次丑月子將日纏星紀之次寅月亥將日纏析木之次卯月
戌將日纏大火之次辰月酉將日纏壽星之次巳月申將日纏鶉尾
之次午月未將日纏鶉火（首）之次未月午將日纏鶉火之次申月申（巳）將
日纏實沈之次酉月辰將日纏大梁之次戌月卯將日纏降婁之次亥

月寅將日纏娵訾之次壬為子初子為子正癸為丑初丑為丑正艮為寅
寅為寅正甲為卯初卯為卯正乙為辰初辰為辰正巽為巳初
初巳為巳正丙為午初午為午正丁為未初未為未正坤為申初申為
申正庚為酉初酉為酉正辛為戌初戌為戌正乾為亥初亥為亥正此
日之纏度也〇以月之朔晦弦望論之朔日至三日月朏在庚故震納庚
三日至八日上弦在丁故兑納丁八日至十五望盈在甲故乾納甲十六日生
魄在巽故巽納辛十六至廿三下弦在艮故艮納丙廿三至廿八日月沒
在坤故納乙卅日月大會於壬癸故乾納壬坤納癸此月之纏也坎為
日月含真陽故納戊度离為日月含真陰故納己度乾以首尾繞三男
乾坎艮震乾為陽坤以首尾繞三女故坤兑离巽坤
故甲丙戊庚壬乙丁己辛癸為陰乾之初爻納子

坤之初爻納未乾之二爻納寅坤之二爻納巳乾之三爻納辰坤之三爻納卯乾之四爻納午坤之四爻納丑乾五爻納申坤五爻納亥乾之上爻納戌坤之上爻納酉二五得位得中故寅巳亥為陽初三四上不得位不得中故子午卯酉辰戌丑未為陰以干支陰陽分為三卦布為廿四山凡四正之位皆左陽而右陰四隅之卦皆右陽而左陰順逆顛倒各含妙用而三百八十四局均不出於是以予元秘旨呂相傳天禁綦嚴不容少洩究其作用只此廿四山正針已繁變而莫可窮詰乃前之業是術此廿妄立中縫二針謂龍來路以壬子同子迎前半路格之水為去路以子癸用子退後半位消之謬種流傳紊乱爻象是以不揣固陋闡其於此圖普願天下後世孝子賢孫卜宅營兆須叅

易理斷不可用中縫二針出卦雜爻坐受凶禍應不負　上天陰隆下民之意也夫　第五三卦圖載經盤此後天八卦廿四爻位中爻居仲應天故子午卯酉乾坤艮巽為天卦初爻居季以應地故辰丑未甲庚丙壬為地卦上孟以應人故寅申巳亥乙辛丁癸為人卦天卦為父母地卦為子媳左旋地右旋天人之道順地道逆天卦與天卦相通地卦與地卜相通人卦與人卜相通天卦可兼人地人卦不可兼天地人獨用謂之单山天兼人謂之双山其原出於易象承乘比應陽居陰上謂之承陰居陽上謂之乘兩陰兩陽謂之比初二三爻陽而四五六爻陰初二三爻陰而四五六爻陽謂惟其取諸承乘比也故天元可以兼人元惟與取卦應也故隔四位而起父母子媳天玉經云天地父母三般卦時師未曾

詰正此謂耳至其入用之旨全在青囊經龍分兩片陰陽取水对三爻細認蹤二句談女苟能深究有德陰陽交媾玄関妙處一宿可誤不待師傳立向消砂(水)莫不準此若夫格龍則又以支龍為真干龍為鬼支兼干龍為真干兼支龍為鬼即都天宝照賦云子字出脉子字尋莫教差錯丑共壬若使陽錯与陰錯劝君不必費心多更於此中細分三卦則卅六鬼穴寓日便知豈復有扦葬花假之誤哉

第六山龍九星圖註經盤此蔣大鴻山龍九星圖也其法出於三元紀運上元坎統運中元巽統運下元兊統運上元甲子甲戌廿年一白貪狼坎水主運甲申甲午廿年二黑巨門坤土主運甲辰甲寅廿年三碧祿存震木主運此上元六十年之旺令也中元甲子甲戌甲申卅年四綠文曲巽木主運

甲午甲辰甲寅卅年六白武曲乾金主運此中元六十年之旺令也下元甲子甲戌廿年七赤破軍兑金主運甲申甲午廿年八白左輔艮土主運甲辰甲寅廿年九紫右弼离火主運此下元六十年之旺令也龍穴得運者吉失運者凶吉地得運者愈吉凶地失運者愈凶至其分布廿四山則甲癸申為貪狼坤壬乙為巨门子未卯為祿存戌乾巳為文曲巽辰亥為武曲艮丙辛為破軍寅庚丁為左輔午酉丑為右弼而廉貞居中不入方位號曰五黄煞即青囊奥語所謂坤壬乙巨门從頭出艮丙辛位位是破軍巽辰亥盡是武曲位甲癸申貪狼一路行都天寶照所謂离祖离宗星辰出此是真龍骨節節出兒孫文武脉中分者此也又龍面飛祖玄字水八卦只有一卦通二句尤為玄竅秘中之秘至蔣公山龍歌内辨

穴先辨落脉落脉乃是穴消息項上生峯脉頭角兩傍门帳脉羽翼四語亦屎得髓真傳而理甚奇微不敢妄言恐招譴責然自受訣以來仰体訓聖濟世苦心亦不忍終於緘默繼此四語畧露一班俟人自悟此九星之秘旨也

其三卦挨排之九星隔四位起父母子息依十二支八干四維顛倒之紅左順行黑右逆行自山之父母子息輪到向上自向上之父母子息掄到山上自来水之父母子息掄到向上自去水之父母子息掄到山上以山向是阳星其水来去必用阴星山向是阴星其水之來去必用阳星即寶經阳存左边團團轉阴從右路轉相通之義乃在挨星上掄旋轉之阴阳而非其從廿四山紅黑字之不動者分阴阳也讀廿謌之

第七層　水龍九星圖載經盤此水龍九星圖也先天兑待以乾為首以

坤為足乾金居南兑金居東南坤土居北艮土居西北坎水居西离火居東震木居東北巽木居西南是以先天之阴阳分於震巽後天流行以乾為首以巽為足坎水居北兑居西震雷居東离火居南坤艮土居中雨澤下究故居上風雷火上騰故居下天立極於上而地中於下是以後天之阴阳分於乾巽○地理之斈後為體先為用故以先天加後天其阴阳不分於震巽而亦分乾巽其終始不依乎乾坤而亦乎艮坤大玄經云河圖洛書相為經緯八卦九章相為表正謂此也山龍九星之配廿四山實根於義甚妙用無窮總不外文武脉中分一語○至於水龍廿四山起貪狼之法除本四位不兼為餘九宮皆自四正起四隅四隅起四正乾巽互起天卦與天卦相通人卦與人卦相通每十六星阳順阴逆共計三百八十四星以應易爻之数地

理錄要訣謂子癸甲申起本宮乙辛丁未巳相逢卯午酉宮應在巽丙壬庚位戌相通丑未逢庚坤艮午惟有寅山在乙申乾巽辰酉并巳亥須知對面是真踪者是也夫挨星三元地理不可少而實典乎竅無窮（洩）至格執定穴立向消砂別有奧訣謂三百八十四局莫不出此挨星之訣能盡學者幸勿得少為足以致貽悞後賢也

第八層大陽經度

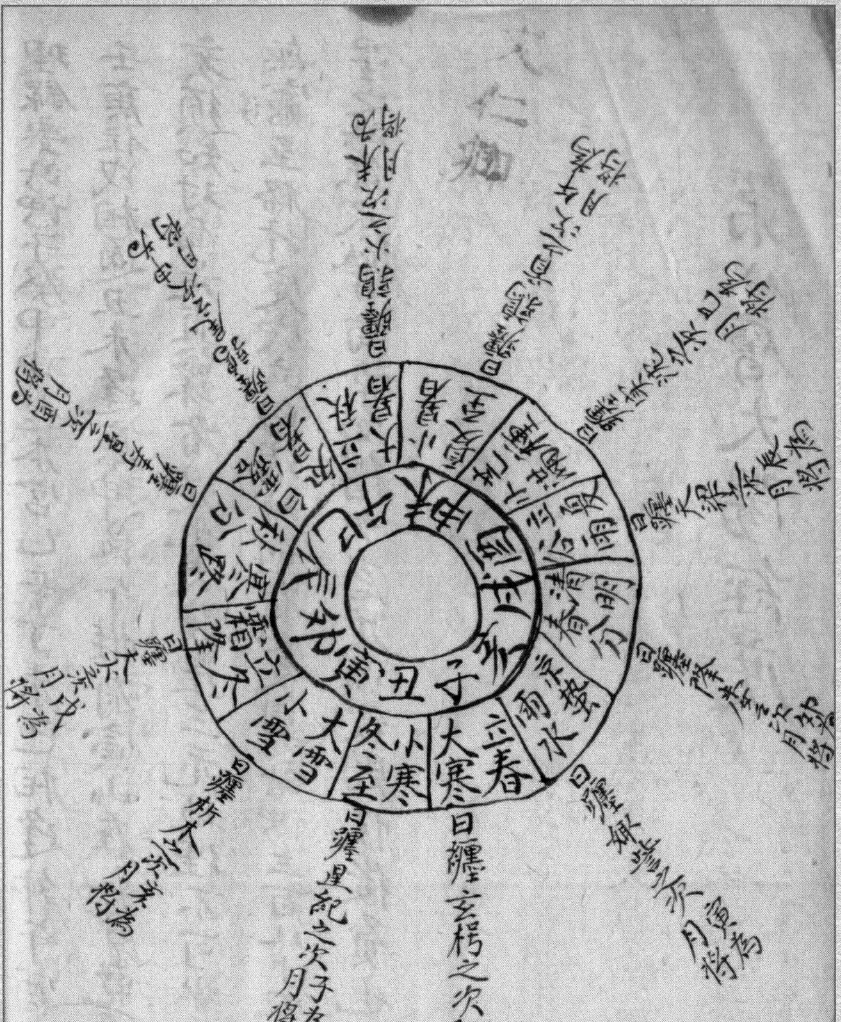
立春
大寒
小寒
冬至
大雪
小雪
子
丑
日纏玄枵之次丑為月將
日纏星紀之次子為月將

大雪 尾刀至十五 心刀至入

小雪 房刀至め 氐十至十七

立冬 氐刀至十五 亢刀至十

霜降 角七至九

寒露 角刀至六 軫刀至た

秋分 翼七至十八

白露 翼刀至六 張刀至十七

處暑 星め至八

立秋 星刀至卅 柳刀至十八

大暑 鬼刀至三 井廿六至卅

小暑 井刀至卅

夏至 參七至十

芒種 參刀至入 觜一

小滿 畢刀至找 昴一至七

立夏 昴刀 胃刀至十二

穀雨 婁刀至た 奎九至十一

清明 奎刀至八 启刀至十二

春分 室七至十め

驚蟄 室刀至入 危刀至十九

雨水 虛七至九

立春 虛刀至入 女刀至十

大寒 牛刀至七 斗廿め至廿三

小寒 斗刀至廿

冬至 箕六刀至八

此太阳週天躔文也洪範曰岁月日时無易百穀用成乂用明俊民用章家用平康岁月日時既易百谷用不成乂用昏不明俊明用微家用不寧岁以岁星之躔次為準而皆統於日岁月日皆有盈缩此谓氣朔虚也定岁阳岁阴法以太岁與岁星相應岁星右於天十二週太岁左行於地十二年亦周岁星可見太岁不可見故本岁星與日同次之宮以表太岁太岁二星在天一年移一辰十二年一小周一百四十四年行一百四十五次餘數滿既跳一辰一千七百廿八年跳匝十二辰為一大週兆度天之謂遇癸亥不跳所尊甲子此法自漢已失其傳乾隆年间加定钱君大昕始知此說并有三統歷衍訛中以非堪輿家之所當用故不具論至定月日时法亦視太阳躔度所臨命為月將六壬家用月將加正时測

候北斗九星及廿八宿所次之宮斷驗人事日家選擇吉朗則取大阳到向及貴人登天門時為最吉取大阳到向法子龍山穴宜於大暑前後乘塟壬龍山穴宜於立秋前後乘塟亥龍山穴宜於處暑前後乘塟乾龍山穴宜於白露前後乘塟戌龍山穴宜於秋分前後乘塟辛龍山穴宜於寒露前後乘塟酉龍山穴宜於霜降前後乘塟庚龍山穴宜於立冬前後乘塟申龍山穴宜於小雪前後乘塟坤龍山穴宜於大雪前後乘塟未龍山穴宜於冬至前後乘塟丁龍山穴宜於小寒前後乘塟午龍山穴宜於大寒前後乘塟丙龍山穴宜於立春前後乘塟巳龍山穴宜於雨水前後乘塟巽龍山穴宜於驚蟄前後乘塟辰龍山穴宜於春分前後乘塟乙龍山穴宜於清明前後乘塟卯龍山穴宜於穀雨前後乘塟

甲龍山穴宜於立冬前後乘塟寅龍山穴宜於小滿前後乘塟艮龍山穴
宜於芒種前後乘塟丑龍山穴宜於冬至前後乘塟癸龍山穴宜於小暑前
前後乘塟○取大阳登天门时法月將加時起十二支丑爲貴人巳為螣蛇子為
朱雀卯為六合辰為勾陳寅為青龍戌為天空申為白虎未為大常亥為玄武丞
為大阴子為神后日出為阳时用阳貴日入為阴时用阴貴甲戊庚日阳貴在丑
阴貴在未餘依甲戊庚丑羊乙己鼠猴鄉丙丁猪雞位壬癸兔蛇藏六辛逢虎馬
乃是貴人方亥子丑寅卯辰六位順布貴人螣蛇朱雀六合勾陳青龍天空白
虎大常玄武大阴神后十二將巳午未申酉戌六位逆布十二將每日貴人只二时
遇亥謂之登天门用以擇时扦塟其月將用以加辰之所臨謂之天罡天罡所
在之方為煞所指之方為生若大乙大奇门不得吉日所謂貴人所在之时出天罡所指之方去迎

第九層先天圓圖七十二候卦分明

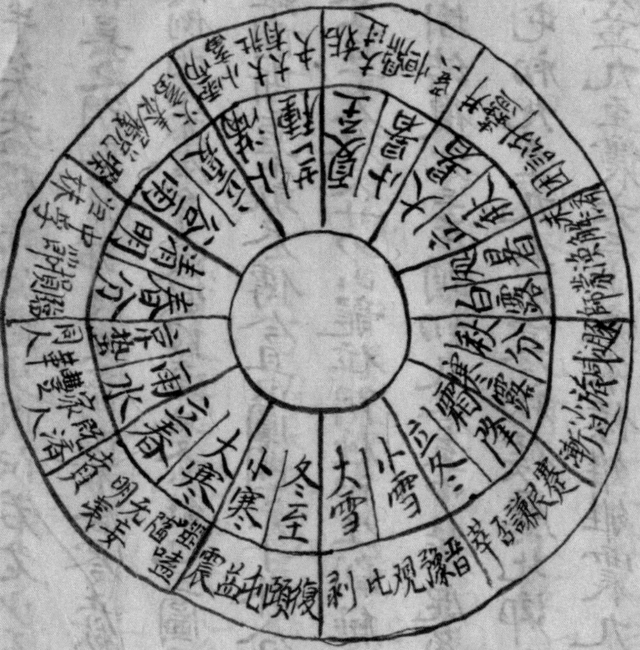

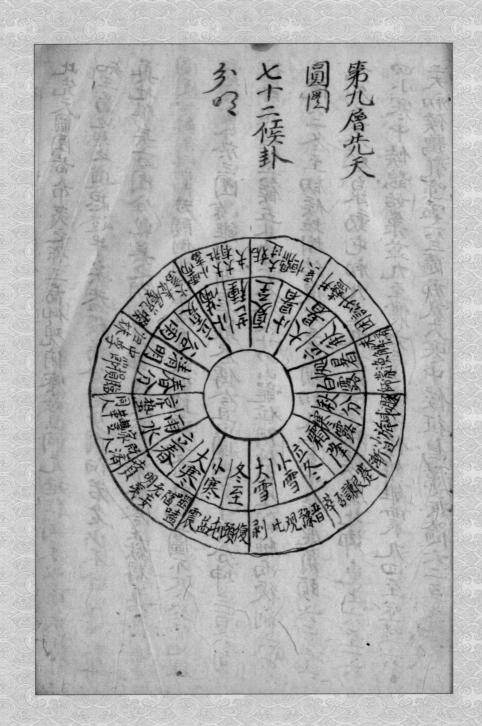

此先天圓圖昔希夷之作三畵仰觀俯察燭幽洞元継往開來以前民用能知三畵地理之道思过半矣蓋横畵分老少阴阳若老少不合交媾欸得真地难矣方圖分乾巽之阴阳若乾坤艮巽之阴阳不合零正欲得真地必不能也圓圖分顛倒之阴阳若顛倒阴阳不合孕竅欸得真地又不能也三圖不尽於係地理而地理实外於三圖余雖阐斯旨不敢尽傳今且以圓圖六十卦分坤三百六旬按節炁三候六候五卦一日一爻界入廿四山龍位阴極阳生剥極而復剥六四至復六二冬至初候蚯蚓结復六三至頤初九冬至中候麋角頤六二至上九冬至末水泉動屯初九至九五小寒初候鴈北鄉屯上六至益六四小寒中候鵲始巢益九至震六三小寒末候雉雊震九四至噬嗑六二大寒初候鷄乳噬嗑六三隨初九大寒中候征鳥厲疾隨六二至上六大

寒末候水澤復堅无妄初九至九五立春初候東風解凍无妄上九至
明夷六四立春中候蟄虫始振明夷六五至賁九三立春末候魚陟負水
賁六四至既濟六二雨水初候獺祭魚既濟九三至家人初九雨水中
候鴈北家人六二至上九雨水末候草木萌動豐初九至六五驚蟄
初候桃始花豐上六至革九四驚蟄中候倉庚鳴革九五至同人九三驚
蟄末候鷹化為鳩同人九四至臨九二春分初候元鳥至臨六三至損九初
春分中候雷乃發聲損九二至上九春分末候始電節初九至九五清明初
候桐始花節上六至中孚六四清明中候田鼠化為鴽中孚九五至歸妹六清
明末候虹始見歸妹九二至睽九二谷雨初候蘋始生睽六三至兑初九谷雨中
候鳴鳩拂其羽兑九二至上六谷雨末候戴勝降於桑履初九至九五六立夏初

候螻蟈鳴履上九至泰六四立夏中候蚯蚓出泰六五至大畜九三立夏末候
王瓜生大畜六四至需九二小滿初候苦菜秀需九三至小畜初九小滿中候
靡草死小畜九二至上九小滿末候麥秋至大壯初九至六五芒種初候螳
螂生大壯上六至大有九四芒種中候鵙始鳴大有至五至夬九三芒種末候
反舌無聲陽極陰生夬極而姤極（夬）九四并九二夏至初候鹿角解姤九三
至大過初六夏至中候蜩始鳴大過九二至上六夏至末候半夏生鼎初
六至六五小暑初候溫風至鼎上九至恒九四小暑中候蟋蟀居壁恒
六五至巽九三小暑末候鷹始摯巽六四至井九二大暑初候腐草
為螢（螢）井九三至蠱初六大暑中候土潤溽暑蠱九二至上九大暑末候大
雨時行升初六至六五立秋初候涼風至升上六至訟九四立秋中候

白露降訟九五至困六三立秋末候寒蟬鳴困九四至未濟九二處暑初候
鷹乃祭鳥未濟六三至解初六處暑中候天地始肅解九二至上六處暑末
候禾乃登渙初六至九四至白露初候鴻雁來渙上九至蒙六四白露中候
玄鳥歸蒙六五至師六三白露末候羣鳥養羞師六四至遯六二
秋分初候雷始收聲遯九三至咸初六秋分中候蟄虫坏户咸六二至
上六秋分末候水始涸旅初六至六五寒露初候鴻雁來賓旅上九
至小過九四寒露中候雀入大水為蛤小過至六五漸九三寒露末候
鞠有黃花漸六四至蹇六二霜降初候豺乃祭獸蹇九三至艮初六
霜降中候草木黃落艮六二至上九霜降末候蟄虫咸俯謙和六四
至六五之立冬初候水始氷謙上六至否九四立冬中候地始凍否九五至萃

六三立冬末候雉入大水為蜃萃九四至晉六二小雪初候虹藏不見晉六三至豫初六小雪中候天氣上升地氣下降豫六二至上六小雪末候閉塞而成冬觀初六至九五大雪初候鶡鴠不鳴觀上九至比六四大雪中候虎始交比九五至剝六三大雪末候荔挺出冬至候十五卦起於復終於同人阳爻四十四阴爻四十六春分後十五卦起於遯終於剝阳爻卅二阴爻五十八二至分之冬至後阳爻一百廿阴爻七十八阳一百廿除乾坤坎离合周天之數用此占驗吉凶動則必應聊示舉隅之意讀者詳之

數求解義又要取禮記月令篇研究

支藏干支圖

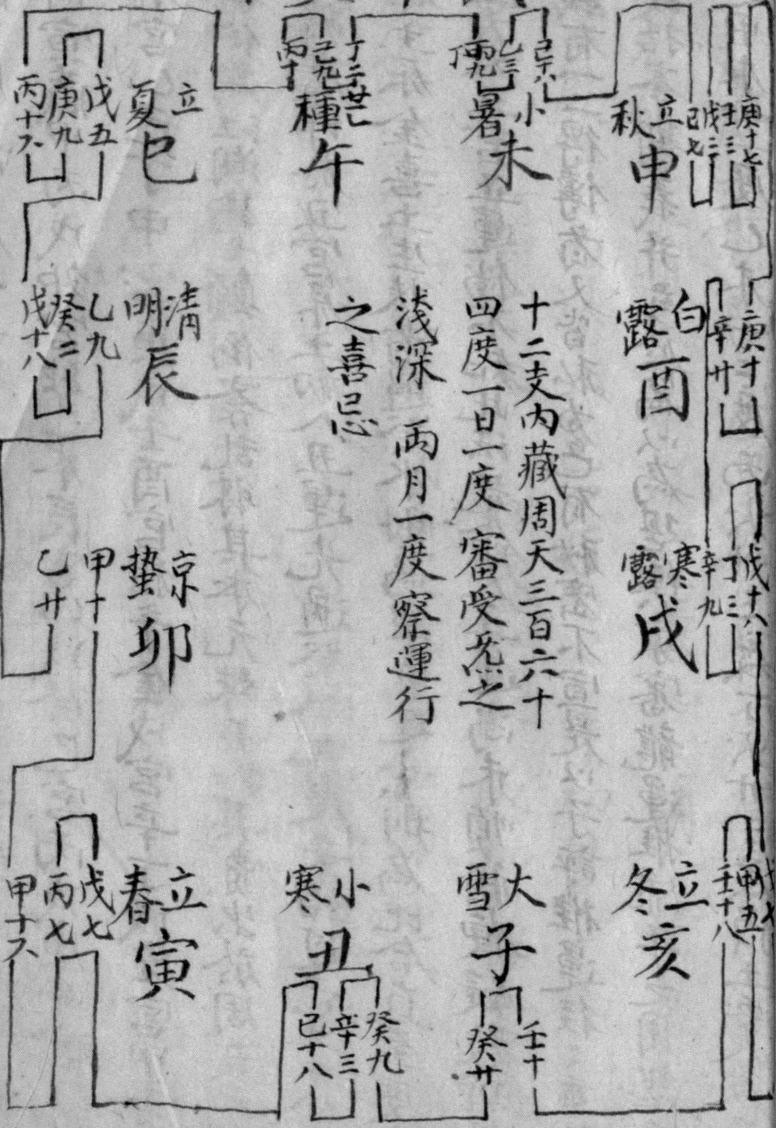

十二支內藏周天三百六十四度一日一度審受炁之淺深　兩月一度察運行之喜忌

此納甲周天宮度也其説出於星命家討謂子宮單癸水丑己癸辛同宮藏甲丙戊卯宮獨乙木辰宮乙戊癸巳宮丙戊庚午宮丁己土未宮乙己丁申宮庚戊壬酉宮獨辛金戌宮辛丁戊亥宮甲壬逢是也但為江湖術士顛倒紊亂昧其本元殊不知其實出於周天三百六十躔度即於丑宮屬土初入丑運先過癸水九度辛始過己土十八度其命主屬金喜土生扶者過癸水則為泄氣過辛則為比合直至度交己土方入丑宮正運倘不知此法見命入丑運尚未順利便疑數理無憑或有一二得傳者又皆私為己有秘密不宣是以子評推運往往乖謬

余故括舉斯義并著於篇以為堪輿家審龍運推流年之用總丙記之甲木卅一度乙木卅二度丙火卅三度丁火卅三度戊土五十八度己

土五十二度庚金卅六度辛金卅二度壬水卅一度癸水卅二度訣曰立春
丙戊各居七驚蟄旬戊外甲讓乙辰藏九乙三朝癸傍夏即消戊土
魂九日庚金十八丙戊之五日己中行丙火芒種初旬是十一郎九己痕
小水九丁三乙木盡己七土紛三三郎戊土三壬水白露初旬猛屎金庚九
朝寒露辛金退除脚三丁戊土開七戊亥宮五日甲壬交大雪十英昏
小寒九癸三辛共己土將來春上分一日一度審受氣之淺深兩月一度
察運行之喜忌是眞日用之妙旨也

断語神驗

金龍起伏自金來正是一家骨肉脈乾时生動闹金穴要在六白之當时喜坎水以貼身須巽木而配对若見离水疊臨必生不肖之子兑金入离必主死亡之兆而艮土以混雜須生乾而实傷於乾倘坤土以生金是生旺而後亦向巽木為乾金所尅豈知乾金得巽氣以成巽之武而离為破雖曰六白之吉曜偏云不吉兑挨弼而弼屏金即云时之旺反為不旺乾山单来一二節必生独亥亥脉相随兩三重大發後秀（此乃当令亦巽源之配对也）彼夫坎龍（午山子子山午）北来离源南至（双局）最怕乾艮（午子也）以混雜尤坤巽而兼加華蓋重重即出龍（子午也）（午子也）塀而弃忌風閣疊疊（子午也）若弄龍樓而益榮恐天条（子午卧忌）兼天罡以飛时（午子可喜）中之局雖有將軍連（子午可忌）（午子可喜）玉印尤是卦外之神面坎發之（午山子）勝勝文人盛旺索离丁之（子山午）滚滚富有倉箱得乾禽相

生即登科而居甲此言老陰老陽之對待得時吉失時悠忽也東北各上一条龍西南
向中二宮水劫（庚）来莫從外入玉葉（亥）無許傍来帝座（子）排武曲之神逢六白而登科有驗宝
（坤）蓋臨破軍之位当七赤而居甲無疑若得四水之交應許百福之并至地峯高發狀元可期
黑水特形巨富斯至離离以破格婦女居孀混庚金而过堂少男失配兌（卯山酉）路三無夾雜
（巽）鷄水重三有好音少陰少陽將（卯）軍得華（酉）蓋而并美且富且貴祖父偕子孫而并榮受九
紫而左肩入賀龍富之壽得八白於右畔登科清壻之乘龍乾父隨来莫待坎母以并
至兌兒兼入最怕巽女以同情先矣上元之佳城卓哉天三之合宅龍来武（巽山乾）曲休帶破
軍之星穴形文（源）天毋兼耗（未）煞之位金（寅）箱偕帝（午）輦而拱照龍（乾）樓鳳（艮）閣以滌洄九宮内之七
八為榮四六中之一三共濟八白氣吉最忌運一白而入乾七赤為榮猶嫌帶二黑而入戌此
固中元之得伴亦即上元之共利也老陰（酉山卯）老陽坎乃六卦之祖宗分天分地子午為八卦

樞机龍莫混於巽坤水莫雜於乾艮喜秋拱之澌翠慶堂局之端嚴震若流坎位
兼过丑而有害癸子入於乾艮兼極盛而有衰風入水々入巽財名双美兌出雷々兼
兌富貴而全家々坎來当六白而愈顯科名源々坤至逢七赤而癸申兼震乃
八白之根苗巽亦九紫之正曜　若乃龍坤（坤山艮）從入自應水要艮來三碧帶一白齊
至斷定衰敗九紫兼七赤同來名利堤湾山峰聳出雲端三元發榜水源
独归故際家畝田盈勢必地孫之陰純岂但当年之合運吾見西山擺布大起
員金之星東水澄泓長流曲折之间此因少阴少阳之配对亦即大丁大財之發
星也然而乾兌本庚一宗由亥而庚隨其出以立向震巽無分兩路申甲而已仍懸
發源以秋宗特恐山出雷而不清必損聰明之子最要得兌水以催照乃發成名之
兄豈知丑癸廢関夫水情栄枯本於元運苟得血脉之不差自然發福無疆矣

天機妙用在其中　大卦玄空關竅通
青囊經卷宜細悞　先體後用揔成踪
本師親口傳真訣　天下橫行陸地神
後授文賢親衣鉢　自古洩盡要千金

清光緒十一年乙酉歲季冬月中澣造吉堂仁卿錄

占筮類			
1	擲地金聲搜精秘訣	心一堂編	沈氏研易樓藏稀見易占秘鈔本
2	卜易拆字秘傳百日通	心一堂編	
3	易占陽宅六十四卦秘斷	心一堂編	火珠林占陽宅風水秘鈔本
星命類			
4	斗數宣微	【民國】王裁珊	民初最重要斗數著述之一；未刪改本
5	斗數觀測錄	【民國】王裁珊	失傳民初斗數重要著作
6	《地星會源》《斗數綱要》合刊	心一堂編	失傳的第三種飛星斗數
7	《斗數秘鈔》《紫微斗數之捷徑》合刊	心一堂編	珍稀「紫微斗數」舊鈔秘本
8	斗數演例	心一堂編	
9	紫微斗數全書（清初刻原本）	題【宋】陳希夷	斗數全書本來面目；有別於錯誤極多的坊本
10－12	鐵板神數（清刻足本）——附秘鈔密碼表	題【宋】邵雍	無錯漏原版　秘鈔密碼表　首次公開！
13－15	蠢子數纏度	題【宋】邵雍	蠢子數連密碼表　打破數百年秘傳　首次公開！
16－19	皇極數	題【宋】邵雍	清鈔孤本附起例及完整密碼表　研究神數必讀！
20－21	邵夫子先天神數	題【宋】邵雍	附手鈔密碼表　研究神數必讀！
22	八刻分經定數（密碼表）	題【宋】邵雍	皇極數另一版本；附手鈔密碼表
23	新命理探原	【民國】袁樹珊	子平命理必讀教科書！
24－25	袁氏命譜	【民國】袁樹珊	
26	韋氏命學講義	【民國】韋千里	民初二大命理家南袁北韋　北韋之命理經典
27	千里命稿	【民國】韋千里	
28	精選命理約言	【民國】韋千里	
29	滴天髓闡微——附李雨田命理初學捷徑	【民國】袁樹珊、李雨田	命理經典未刪改足本
30	段氏白話命學綱要	【民國】段方	民初命理經典最淺白易懂
31	命理用神精華	【民國】王心田	學命理者之寶鏡

32	命學探驪集	【民國】張巢雲	發前人所未發 稀見民初子平命理著作
33	澹園命談	【民國】高澹園	
34	算命一讀通——鴻福齊天	【民國】不空居士、覺先居士合纂	
35	子平玄理	【民國】施惕君	
36	星命風水秘傳百日通	心一堂編	
37	命理大四字金前定	題【晉】鬼谷子王詡	源自元代算命術
38	命理斷語義理源深	心一堂編	稀見清代批命斷語及活套
39－40	文武星案	【明】陸位	失傳四百年《張果星宗》姊妹篇 千多星盤命例　研究命學必備
相術類			
41	新相人學講義	【民國】楊叔和	失傳民初白話文相術書
42	手相學淺說	【民國】黃龍	民初中西結合手相學經典
43	大清相法	心一堂編	重現失傳經典相書
44	相法易知	心一堂編	
45	相法秘傳百日通	心一堂編	
堪輿類			
46	靈城精義箋	【清】沈竹礽	沈氏玄空遺珍 玄空風水必讀
47	地理辨正抉要	【清】沈竹礽	
48	《玄空古義四種通釋》《地理疑義答問》合刊	沈瓞民	
49	《沈氏玄空吹虀室雜存》《玄空捷訣》合刊	【民國】申聽禪	
50	漢鏡齋堪輿小識	【民國】查國珍、沈瓞民	失傳已久的無常派玄空經典
51	堪輿一覽	【清】孫竹田	
52	章仲山挨星秘訣（修定版）	【清】章仲山	章仲山無常派玄空珍秘 門內秘本首次公開
53	臨穴指南	【清】章仲山	
54	章仲山宅案附無常派玄空秘要	心一堂編	沈竹礽等大師尋覓一生末得之珍本！
55	地理辨正補	【清】朱小鶴	玄空六派蘇州派代表作
56	陽宅覺元氏新書	【清】元祝垚	簡易・有效・神驗之玄空陽宅法
57	地學鐵骨秘　附　吳師青藏命理大易數	【民國】吳師青	釋玄空廣東派地學之秘
58－61	四秘全書十二種（清刻原本）	【清】尹一勺	玄空湘楚派經典本來面目 有別於錯誤極多的坊本

91	地學形勢摘要	心一堂編	形家秘鈔珍本
92	《平洋地理入門》《巒頭圖解》合刊	【清】盧崇台	平洋水法、形家秘本
93	《鑒水極玄經》《秘授水法》合刊	【唐】司馬頭陀、【清】鮑湘襟	千古之秘，不可妄傳匪人
94	平洋地理闡秘	心一堂編	雲間三元平洋形法秘鈔珍本
95	地經圖說	【清】余九皋	形勢理氣、精繪圖文
96	司馬頭陀地鉗	【唐】司馬頭陀	流傳極稀《地鉗》
97	欽天監地理醒世切要辨論	【清】欽天監	公開清代皇室御用風水真本
三式類			
98－99	大六壬尋源二種	【清】張純照	六壬入門、占課指南
100	六壬教科六壬鑰	【民國】蔣問天	由淺入深，首尾悉備
101	壬課總訣	心一堂編	過去術家不外傳的珍稀六壬術秘鈔本
102	六壬秘斷	心一堂編	
103	大六壬類闡	心一堂編	
104	六壬秘笈——韋千里占卜講義	【民國】韋千里	六壬入門必備
105	壬學述古	【民國】曹仁麟	依法占之，「無不神驗」
106	奇門揭要	心一堂編	集「法奇門」、「術奇門」精要
107	奇門行軍要略	【清】劉文瀾	條理清晰、簡明易用
108	奇門大宗直旨	劉毗	天下孤本　首次公開　虛白廬藏本《秘藏遁甲天機》　奇門不傳之秘　應驗如神
109	奇門三奇干支神應	馮繼明	
110	奇門仙機	題【漢】張子房	
111	奇門心法秘纂	題【漢】韓信（淮陰侯）	
112	奇門廬中闡秘	題【三國】諸葛武侯註	
選擇類			
113－114	儀度六壬選日要訣	【清】張九儀	清初三合風水名家張九儀擇日秘傳
115	天元選擇辨正	【清】一園主人	釋蔣大鴻天元選擇法
其他類			
116	述卜筮星相學	【民國】袁樹珊	民初二大命理家南袁北韋
117－120	中國歷代卜人傳	【民國】袁樹珊	南袁之術數經典